GRACCO

MÉTODO DE PIANO

Piano para niños de 7 años a 10 años

3a. Edición. Copyright 2024

Autor: Gracco Contreras

Todos los derechos reservados

gracco.contreras@gmail.com

Queda prohibido, dentro de los límites establecidos en la ley y bajo los apercibimientos legalmente previstos, la reproducción total o parcial de este libro por cualquier medio o procedimiento, ya sea electrónico o mecánico, el tratamiento informático, el alquiler o cualquier otra forma de cesión de la obra sin la autorización previa y por escrito del autor.

INTRODUCCION

Este método tiene como objetivo acompañar las clases presenciales dictadas por un maestro de piano. Sirve como guía y material de apoyo a las clases presenciales.

"Aprender piano va más allá que sólo presionar teclas, es una expresión de lo que tenemos interiormente, como nuestros sentimientos, nuestras emociones, nuestra historia, nuestro mensaje y por supuesto puede llegar al alma de los que escuchan."

-Gracco Contreras

Aprender piano simplemente leyendo notas musicales se puede convertir en un mecanismo repetitivo cuando no pones la expresión correcta, sin embargo creo que este mecanismo de repetición nos ayuda mucho a la independencia de cada dedo. **Este método está diseñado en base a 5 notas, Do, Re , Mi, Fa, Sol, y sus correspondientes intervalos.**

El enfoque de este material principalmente es la lectura y reconocimiento de los símbolos básicos de la música como lo es: **El pentagrama, la clave de sol y fa,** los valores rítmicos de **negra blanca y redonda** y la lectura de las **cinco notas** en el pentagrama de ambas manos.

Un buen desarrollo técnico y mecánico preciso que ayudará al estudiante en su agilidad, digitación.

Dedicatoria

Le dedico este método de piano a mis hijos, Nathan, Nathalia y Nahomi que me han enseñado a enseñar mejor.

Agradecimientos

Primeramente a Dios que me ha dado la vida para continuar, a mi esposa Christy por que siempre me ha apoyado en todos mis proyectos y a Instituto Canzion por dejarme ser parte de la formación de muchos estudiantes de todas las edades y generaciones por más de 25 años.

EL PIANO

GRACCO MÉTODO DE PIANO

TECLAS NEGRAS Y BLANCAS

Una de las diferencias visuales en las teclas del piano es que vas a encontrar teclas blancas y teclas negras.

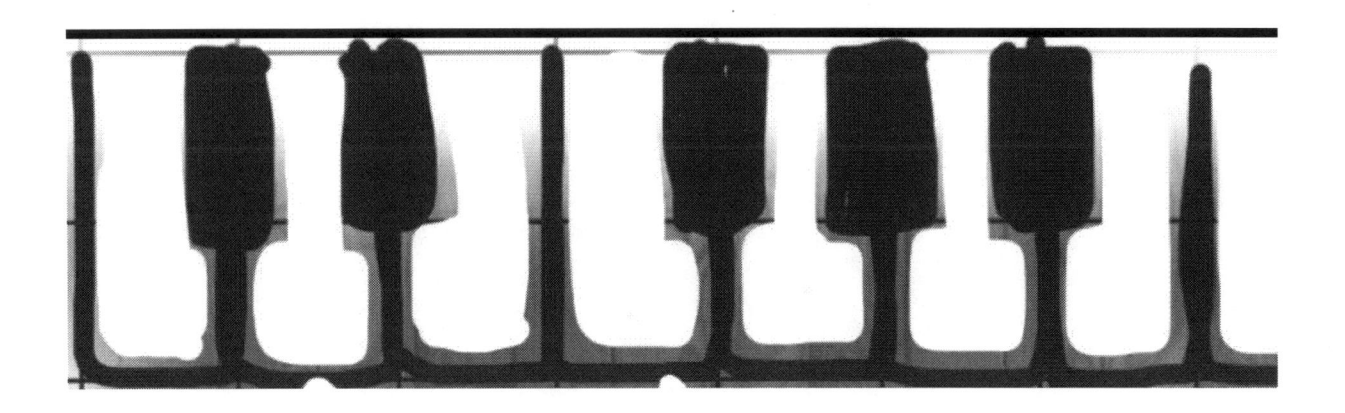

¿CUANTAS TECLAS NEGRAS OBSERVAS EN ESTE PIANO?

_____

En este ejercicio vamos a tocar solo las teclas negras, cualquier, si cualquiera, puedes crear patrones según como lo veas o lo escuches, no hay errores en tocar las teclas negras así que presiona cualquier tecla.

La única regla es que toques las teclas negras pero sintiendo algo, piensa en alguna emoción que puedas expresar, puede ser romance, puede ser alegría, puede ser tristeza y mientras piensas en esto toca las teclas negras.

Practica con este video

MANOS

En los dedos de nuestras manos vamos a poner números de la siguiente manera

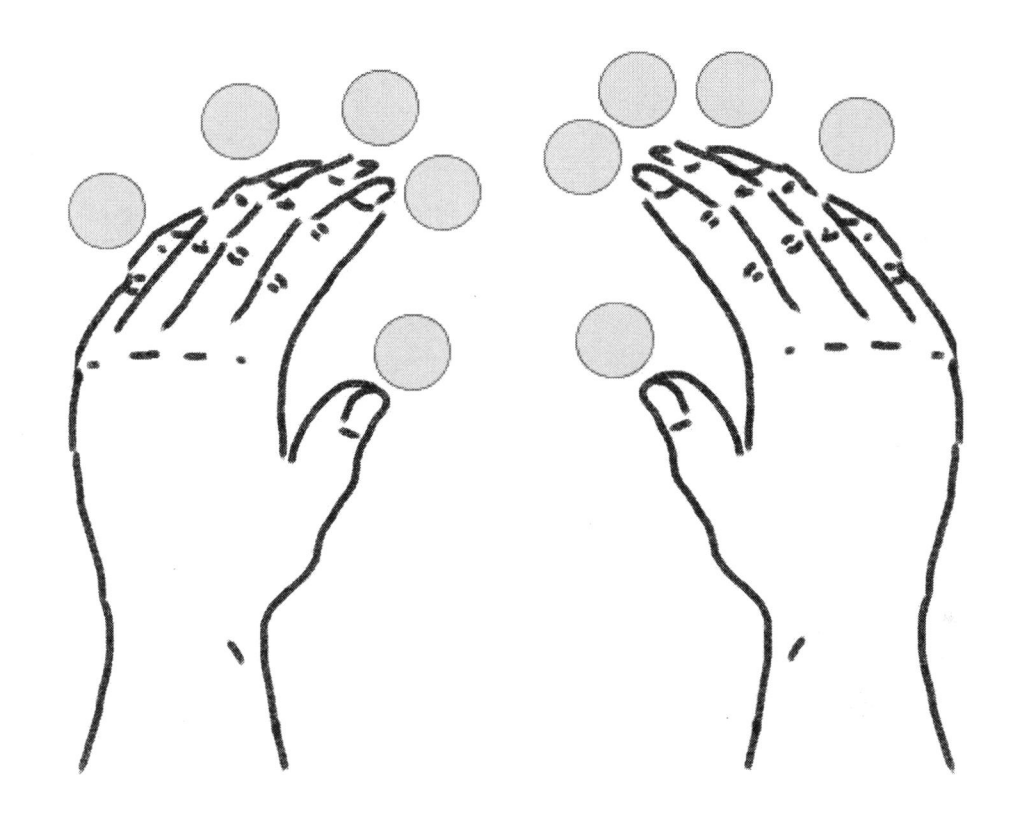

GRACCO MÉTODO DE PIANO

EJERCICIOS

Usando tus 5 dedos de las dos manos vamos a usar esta posición en los siguientes ejercicios

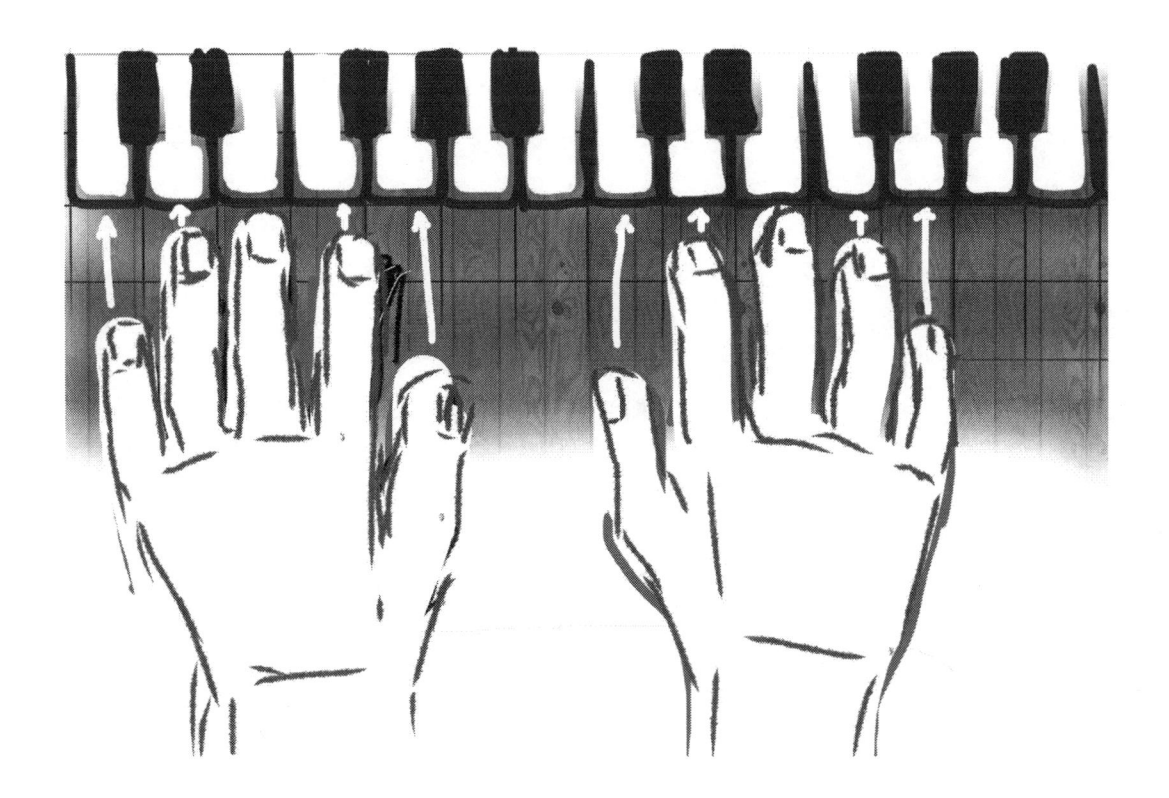

EJERCICIO 1

Primero con la mano derecha, después con la mano izquierda y al final con las dos manos juntas.

Las primeras veces cuenta los números de la mano derecha:

$$1\ 2\ 3\ 4\ 5,\quad 5\ 4\ 3\ 2\ 1$$

Una vez que ya tengas el ejercicio dominado entonces comienza a decir los nombres de las notas en el sistema tradicional:

$$\text{Do Re Mi Fa Sol,}\quad \text{Sol Fa Mi Re Do}$$

Una vez que este fluido cambia al sistema americano:

$$\text{C D E F G,}\quad \text{G F E D C}$$

EJERCICIO 2

Con los dedos 1,3 y 5 haz el siguiente ejercicio. A diferencia del ejercicio anterior enfatiza cada nota bajando la velocidad.

        1 3 5   5 3 1

Una vez que ya tengas el ejercicio dominado entonces comienza a decir los nombres de las notas en el sistema tradicional:

        Do Mi Sol   Sol Mi Do

Una vez que este fluido cambia al sistema americano:

        C E G   G E C

EJERCICIO 3

Con los dedos 1,2 y 3 haz el siguiente ejercicio. A diferencia del ejercicio anterior enfatiza cada nota bajando la velocidad.

           1 5   5 1

Una vez que ya tengas el ejercicio dominado entonces comienza a decir los nombres de las notas en el sistema tradicional:

      Do Sol   Sol Do

Una vez que este fluido cambia al sistema americano:

      C G   G C

DO, RE, MI...

SISTEMA AMERICANO

Probablemente has escuchado hablar de DO RE MI FA SOL LA SI, bueno, también está lo que llamamos el sistema americano que son las mismas notas pero representadas por letras.

La siguiente gráfica nos puede ayudar a ver la similitud entre los dos sistemas.

A	B	C	D	E	F	G	A ...
la	si	do	re	mi	fa	sol	la ...

Ejercicio

Escribe a qué letra le corresponde las siguientes notas musicales:

do:____

mi:____

sol:____

si:____

fa:____

do:____

la:____

mi:____

re:____

la:____

mi:____

do:____

mi:____

sol:____

do:____

si:____

VALORES DE FIGURAS RÍTMICAS

GRACCO MÉTODO DE PIANO

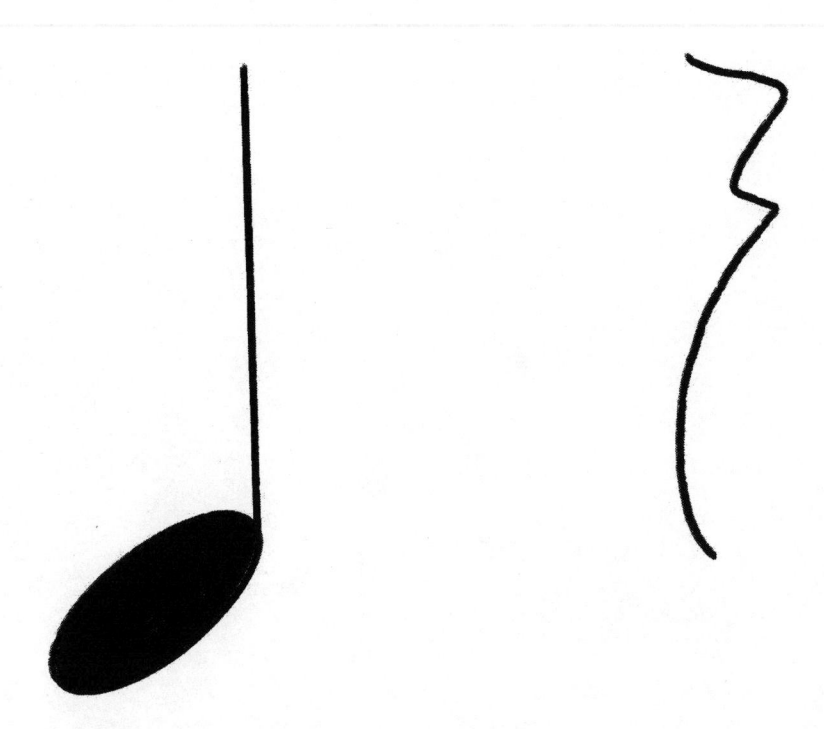

A esta figura le llamamos _____

Escribe su valor aqui: _____

22

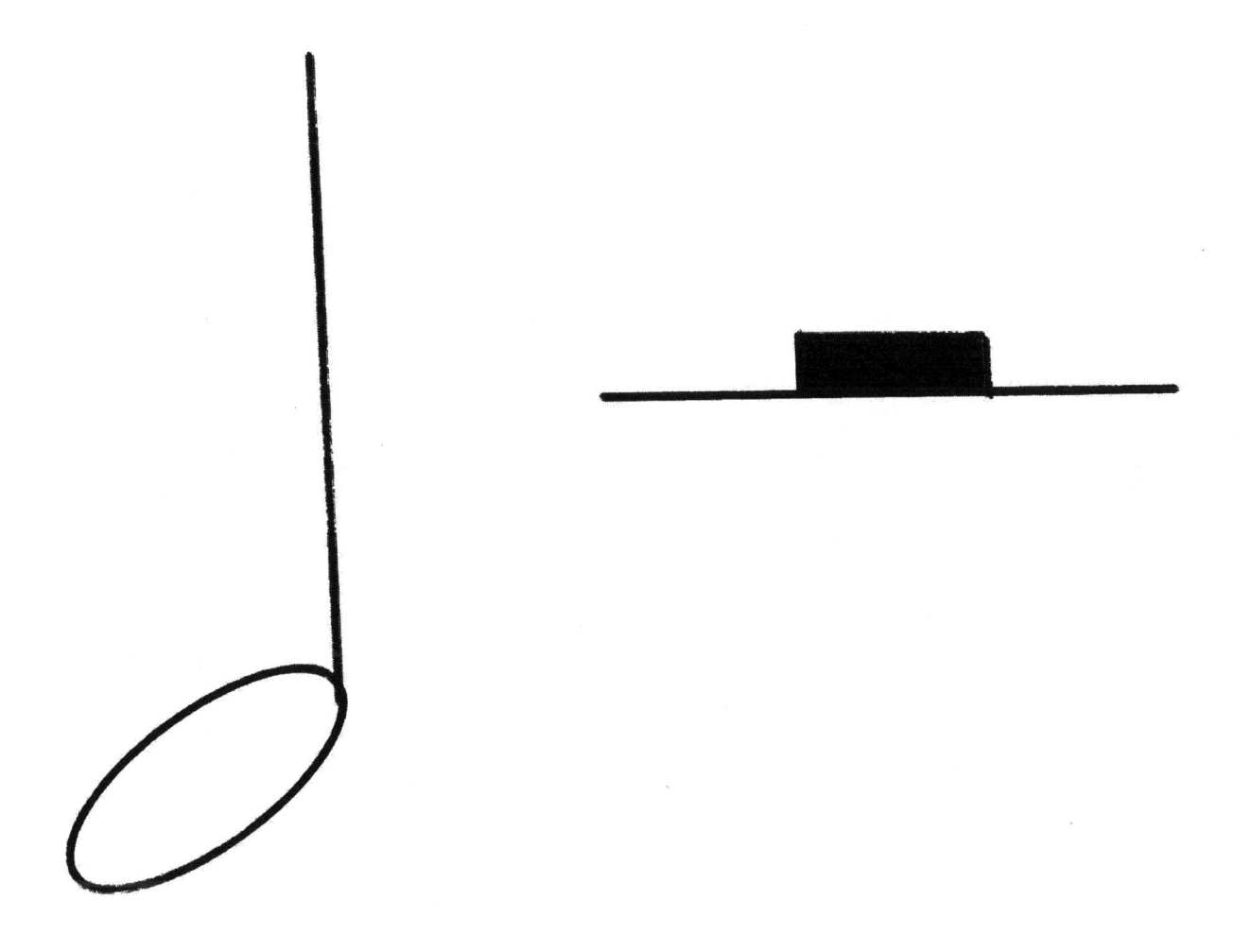

GRACCO MÉTODO DE PIANO

A esta figura le llamamos _____

Escribe su valor aqui: _____

GRACCO MÉTODO DE PIANO

A esta figura le llamamos _____

Escribe su valor aqui: _____

ESCRIBE LOS NOMBRE DE LAS NOTAS EN

ESTE PIANO

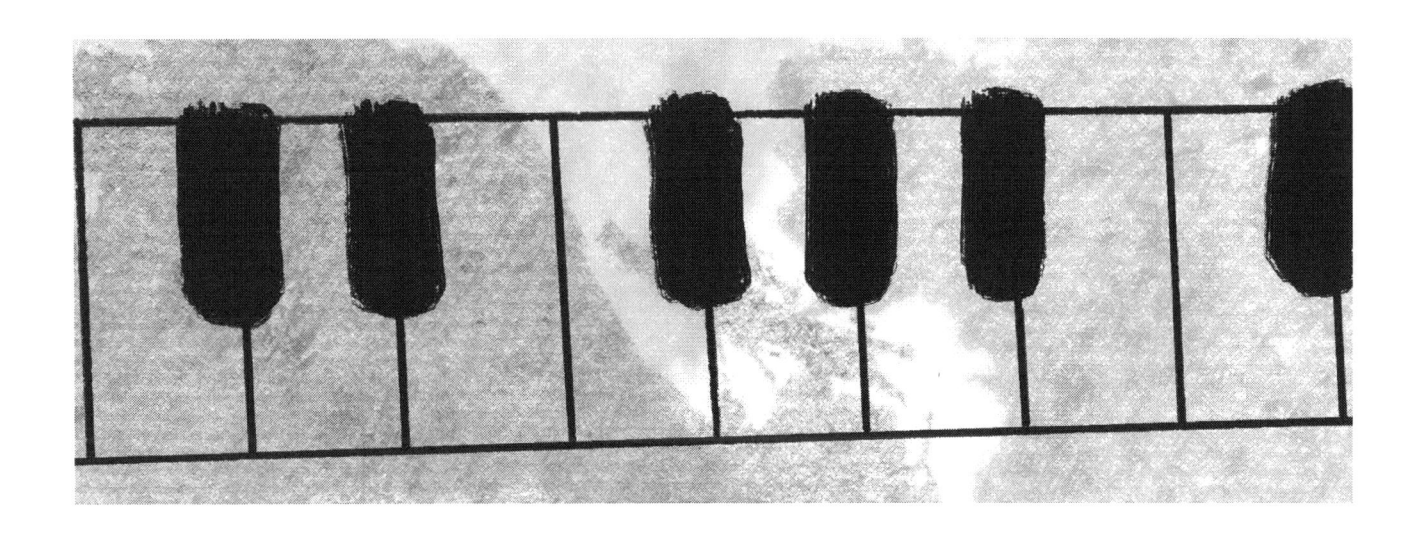

REPASO

Es importante siempre calentar y ejercitar tus manos con técnica antes de ejecutar una pieza o una canción.

Hasta ahora ya sabemos los ejercicios con cinco dedos. Haz una rutina para calentar seguida de una canción o pieza.

- [ ] EJERCICIO 1 _____
- [ ] EJERCICIO 2 _____
- [ ] EJERCICIO 3 _____
- [ ] CANCIÓN O PIEZA _____

EJERCICIOS BASADOS EN INTERVALOS

EJERCICIO 1.2

DEDOS 1 y 2

en las dos manos

1   2

EJERCICIO 1.3

DEDOS 1 y 3

en las dos manos

1 3

EJERCICIO 1.4

DEDOS 1 y 4

en las dos manos

1   4

EJERCICIO 1.5

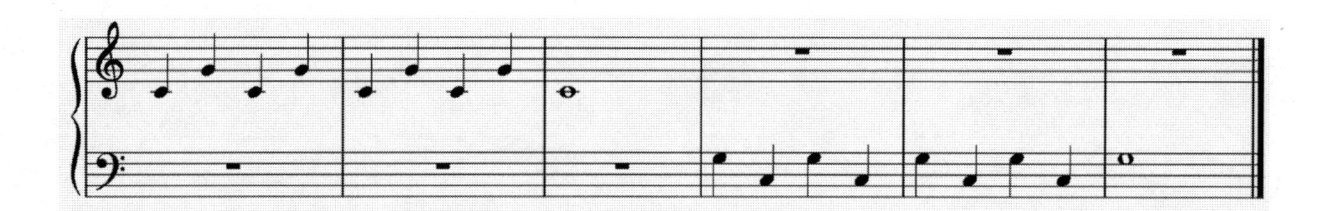

DEDOS 1 y 5

en las dos manos

1 5

GRACCO MÉTODO DE PIANO

POP QUIZ

DIBUJA LAS FIGURAS QUE REPRESENTA LOS SIGUIENTES VALORES

VALOR DE 1

VALOR DE 2

VALOR DE 4

Este es **do**, la letra **C** y se toca con tu dedo **1** en la mano derecha

Este es **re**, la letra **D** y se toca con tu dedo **2** en la mano derecha

Este es **mi**, la letra **E** y se toca con tu dedo **3** de la mano derecha

Este es **fa**, la letra **F** y se toca con tu dedo **4** de la mano derecha

Este es **sol**, la letra **G** y se toca con tu dedo **5** de la mano derecha

Escribe el nombre, letras y números de estas notas:

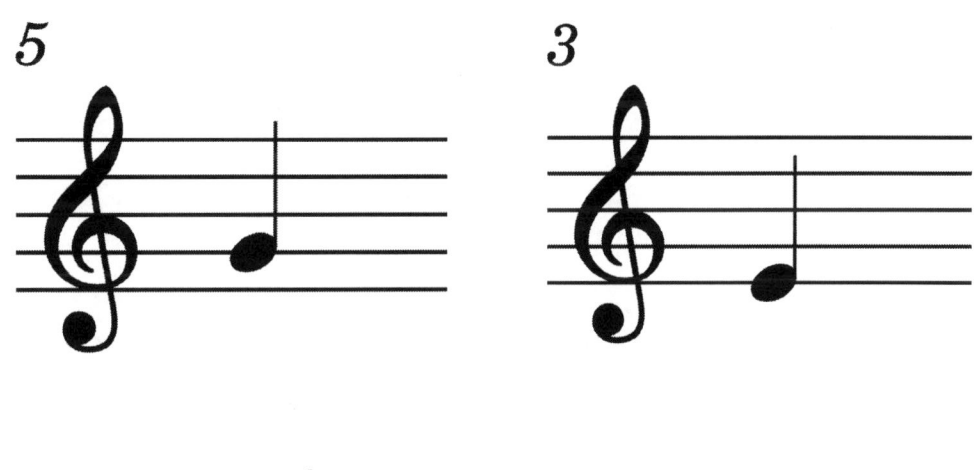

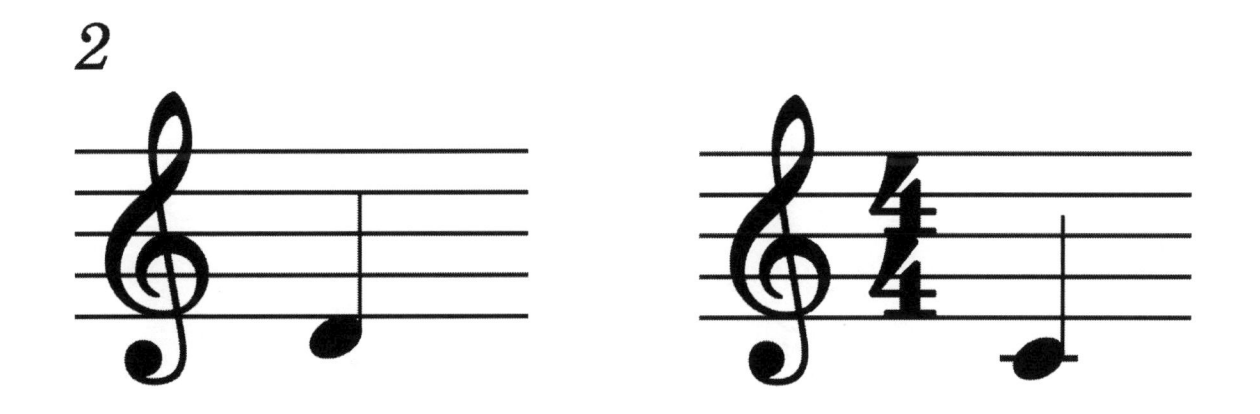

GRACCO MÉTODO DE PIANO

"Melodía Navideña"

Escribe los nombres, letras y los números de dedos de cada nota:

_____

_____

_____

_____

40

GRACCO MÉTODO DE PIANO

EJERCICIOS DE CALENTAMIENTO

Instrucción para el Profesor:

La posición de la mano izquierda está en la octava baja del Do central como lo hemos trabajado desde el principio. Los siguientes ejercicios están basados en trabajar la coordinación ubicando los dedos por números, por ejemplo pulgar de la manos derecha (C4) con el pulgar de la mano izquierda (G3), el índice de la mano derecha (D4) con el índice de la mano izquierda (F3) etc.

Escribe las letras que les corresponde a cada nota y verifica que dedos usamos.

EJERCICIO 1

Usa el dedo 1, primero la mano derecha y luego la mano izquierda.

41

EJERCICIO 2

Usa el dedo 2, primero la mano derecha y luego la mano izquierda.

EJERCICIO 3

Usa el dedo 3, primero la mano derecha y luego la mano izquierda.

EJERCICIO 4

Usa el dedo 4, primero la mano derecha y luego la mano izquierda.

EJERCICIO 5

Usa el dedo 5, primero la mano derecha y luego la mano izquierda.

REPASO

Es importante siempre calentar y ejercitar tus manos con técnica antes de ejecutar una pieza o una canción.

Hasta ahora ya sabemos los ejercicios con cinco dedos. Haz una rutina para calentar seguida de una canción o pieza.

☐ EJERCICIO 1 _____

☐ EJERCICIO 2 _____

☐ EJERCICIO 3 _____

☐ CANCIÓN O PIEZA _____

REPERTORIO

En las siguientes melodías escribe los nombres de las notas, aplaude en el ritmo llevando el pulso diciendo las letras correspondientes a cada nota, y después toca la melodía solo con tu mano derecha.

Walking With Joy

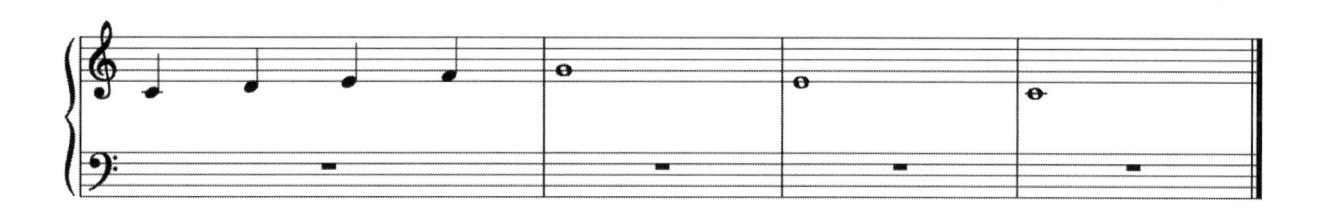

OMI Re Do

"MIS HOJITAS"
"LITTLE LEAVES"

BY GRACCO CONTRERAS

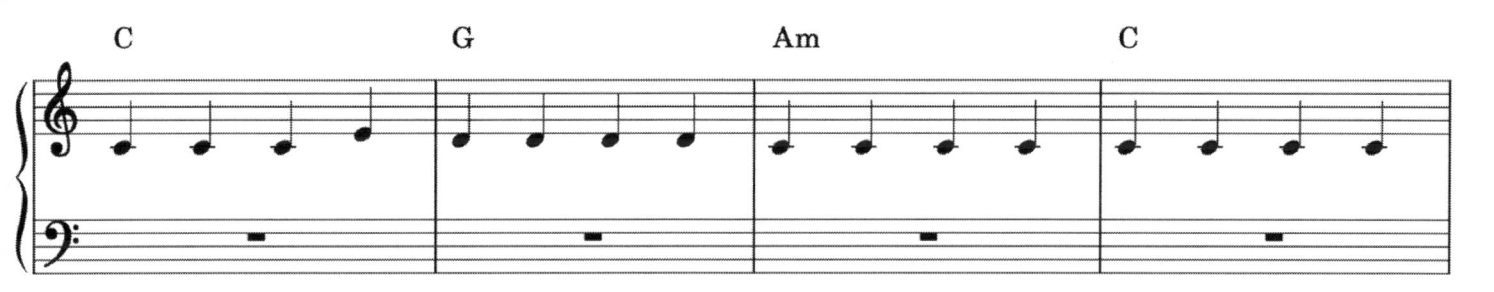

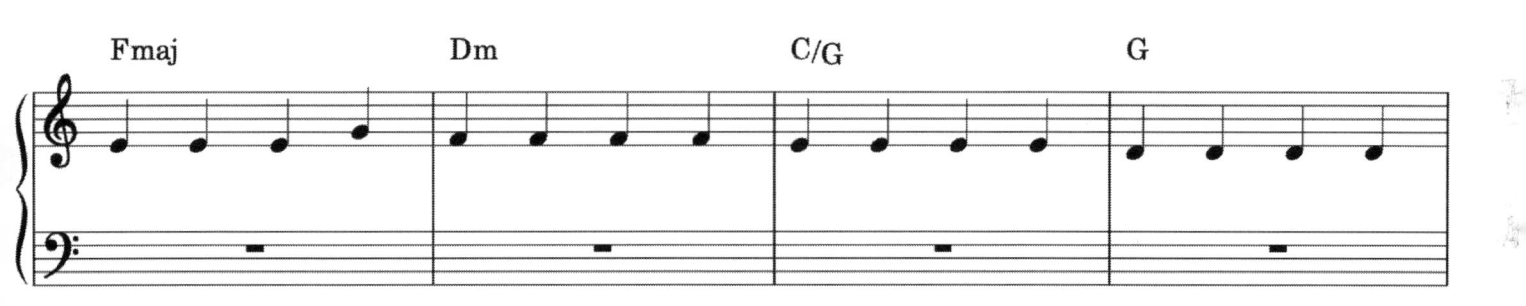

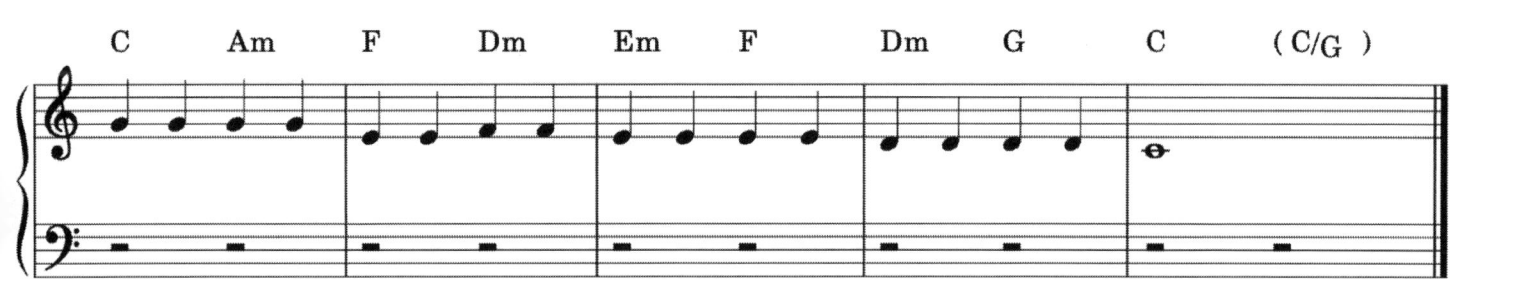

GRACCO MÉTODO DE PIANO

GRACCO MÉTODO DE PIANO

EL PIANO

Copyright 2024

Autor: Gracco Contreras

Todos los derechos reservados

gracco.contreras@gmail.com

Queda prohibido, dentro de los límites establecidos en la ley y bajo los apercibimientos legalmente previstos, la reproducción total o parcial de este libro por cualquier medio o procedimiento, ya sea electrónico o mecánico, el tratamiento informático, el alquiler o cualquier otra forma de cesión de la obra sin la autorización previa y por escrito del autor

Made in the USA
Monee, IL
09 September 2024